至今我依舊告訴自己，所有事情的發生，
在每個空間和時間點上，勢必都有它存在的原因，
無論結果如何，最終回首，我們會理解，

一切都是最好的安排。

你的不快樂

是花了太多時間在乎

不在乎你的人和事

Me, Myself and I.

Don't waste your time on people
who don't really care about you.

這是一本與自己的和解之書，如同翻閱內心妥善保存的一段回憶旅程，
無需按照順序翻閱，旅途裡的一切時間、空間，都將是最好的安排。

旅程即將開始，請將書中一切視為線索，並將過去的錯誤放下，
且試著原諒自己，因為你已經做得很好了。

目錄

低迴的
幽谷

Let it hurt
and let it heal

then let it go...

致迷茫青春裡的
愛情和友情

To friends.

to love,

to you.

「你做過最奢侈的事是什麼?」
「用了一段青春去在乎那些根本不在乎自己的人。」
所以現在的我不願再肆意的揮霍時間和生命。

有多少人明明會介意,
卻在準備說出口的瞬間成了:「沒關係。」
於是就這樣,成全了別人也委屈了自己。

有時候讓人放不下的並不是結局的悲傷，

而是過程裡付出的「真心」從未被「誠實」對待過。

在雙方感覺不對等的情況下，「努力」或許只是一種拖延。

我不是要你馬上放棄，畢竟在還沒累到徹底之前，你才捨不得放手。

我只想說，會讓你苦撐維繫的關係，不要也罷！

不要覺得誰冷漠，人家只是暖的不是你；
有很多事情是勉強不來的，尤其是人。

如果不是相互喜歡，
你的執著在他的世界也只能算是種糾纏。

大多數的事情只要心甘情願，都能夠變得簡單，
那些多餘的藉口，只是心不甘情不願的證據罷了。

因為你的回應，所以累積了彼此之間的關係，
也因為你的冷淡，累積了彼此之間的距離；

一方以為永遠不會離開，另一方以為一定會被挽留，
因為過於習慣，所以變得理所當然，最後我們都在錯過中成長。

人說羅馬不是一天造成的，我說離開也是。

再熱情的心也會有被澆熄的一天，再堅持的人終有累的一天。
有時候一個轉身，成了兩個回不去的世界。

致愛情和友情。

真正打從心底將一個人刪掉，大多數的時候是異常安靜的。
你不會再刻意將它封鎖加刪除；有天路上遇見了也不會刻意繞道而行，
即使真的碰上了也可以微笑著招呼；
那個時候你心裡清楚知道，你們再也不會像以前那樣談心到通宵；
也不會再為了這個人的任何矯情狀態影響自己的心情。

你們曾一起走過了一段路，而這段路，只陪他到這裡。

沒有方向的等待並不是在等你回來，
只是還找不到一個理由離開。

最難的並不是分開的那一天，
而是還在愛與不愛之間來回拉扯的過程裡，

那段逐漸變得陌生的感覺，
往往才是最折磨人的。

給不起的承諾就別輕易說出口，
有意的人聽了不肯醒，無意的人轉身就忘了。

別讓熟識後的理所當然，弄丟了一路陪伴你走到現在的人。

很多關係都是死在小事情上，
有時關係越是親近的，越是容易忘了「尊重」彼此的界線，
你的無所謂和理所當然，看似毫無殺傷力的行為，
不斷的在兩人之間發酵，最後只會結成一個名為失望的果。

我們慣性的將寬容與客套留給外人，
卻將傷人與不開心輕易的發洩在與自己親近的人身上。

這是壞習慣，要改。

失去朋友的感覺，並不比失戀容易。

大喜大悲看清自己，大起大落看清朋友。

朋友忽略你時，不要傷心，

每個人都有自己的生活，誰都不可能一直陪著你。

最糟糕的並不是你失去了一個很愛的人，
而是你為了一個不值得的人失去了自己。

你依舊很可愛的，
不要忘了那個值得被好好對待的自己。

親愛的自己，就別再招惹已經過去的人了。

有些人遠遠看見了就好，

走得太近，才發現有些人的心，無法直視。

無論如何，你要好好的愛自己，
不要在未來遇見更好的人時，
已用完了最好的自己。

是祕密
也是我對你的信任

Trust
      is the base of every

                      relationship.

有時候覺得至少討厭你的人是誠實的；
那些假裝喜歡你的人往往才是最恐怖的。

你有沒有曾經信任過誰？

任何一段關係都好，

但最後卻被現實狠狠的甩了一巴掌。

我猜想多數的人都有被人背後捅刀的經驗，

也許刀子本身並不可怕，可怕的是回過頭才發現，

持刀的，是那個你一直用心對待的人。

曾對你說過的垃圾話也好、內心話也好，

那都是我的黑暗面和我對你的信任，

如果某天我們分道揚鑣時，

就請別將它當作攻擊彼此的利器。

曾經有人問我：「被朋友背叛了該怎麼辦？」

人心是最難的，請你馬上放下根本不可能，
鬼才做得到，那不如就乾脆一點，恨他吧！
或許等到有天累了，就不想再把這個人的一切掛在嘴邊，
意識到自己已經學到重要的一課，接下來只要好好的照顧自己，
不讓別人看笑話，曾經遭遇的背叛，會讓你變成更好的自己。

有時候，你可能要花上一大段時間才能去感動一個人，
但往往只要一句話就能傷害一個人，
說到底，人與人之間的信任是脆弱的。

如果恰好你手裡握著鎚，
請別輕易的將那份得來不易的信任給擊碎。

別人與你分享他故事裡的快樂與悲傷時，

不要輕易的去評斷他應該是何種感受，因為你不是他。

如果真的要感謝過去的傷害，

也只是感謝事件的本身，

而非那個人。

那個人帶來的只是傷害，

而傷害過後的你如何選擇才是事件最終的目的地。

世界如此大，人心也許險惡，有人給你難看，也會有人替你撐腰，
不在乎你的人到處都是，可身邊愛你的人，永遠知道怎麼愛你。

雖敗猶榮

Just me
and
myself.

無論接下來遇到多少自己不喜歡的人，

他們的出現都在提醒著你，永遠不要成為那樣子的人。

你說的話天真一點，現實的人就認為你不切實際；
你對人的態度和善一點，愛計較的人就認為你很假。
後來你因為那些人改變了，別人說你一句，你也要回敬一句；
別人對你冷漠，你反過來比他更冷漠。

他們對你說的那些話在你的故事中無足輕重，
但是往前回顧，你的改變才是他們對你最大的傷害。

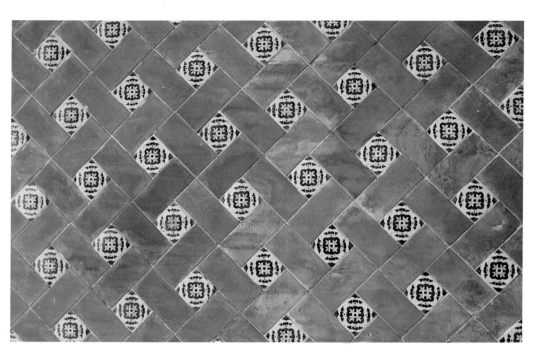

你害怕別人不喜歡你，所以總是換上不同的面具去迎合；
你因為時間太多、神經太過敏感，
所以總是看見別人發的狀態就對號入座。

最後你發現你對外界想了太多，為自己想得太少。
有時候想太多，真的只會毀了自己。

在那個不安慌張的階段，我們都急著想找到答案，
找不到時，就用過去來懲罰自己，
卻忘了，問題終究回歸到自己身上，
擁抱了許多別人給你的悲傷，卻忘了擁抱自己。

　　你的不快樂，是花了太多時間在乎，不在乎你的人和事　　　　　　　Peter Su

那些我們被別人耳語綁架的日子，

眼光和目標只放在別人怎麼看待自己，小心翼翼的度過每一天，

這將成為我們這一生對自己最不負責任的一段時光。

在這條成長的路上，找尋「自我價值」已經夠難了，

就別讓不負責任的評論，輕而易舉的竄改你本該感到自在的人生。

貶低別人喜歡的事情，並不會讓你顯得比較高尚。

不要錯把傷害別人的行為當作自以為是的幽默。

自己沒受過的傷卻嘲笑對方的疤，即使你也受過同樣的傷，

他的世界你始終沒有權利替他說話。

總覺得我們被文字和話語牽制得太多，
所以都忘了，對一個受傷的心來說，

一個簡單的擁抱或許大過於千言萬語。

你的不快樂，是花了太多時間在乎，不在乎你的人和事　　Peter Su

我們都不是聖人，無法永遠維持正面的態度，
管好自己的情緒和嘴，幫不了別人但不任意去傷害，
可能就已經是這輩子做過最正面的事了。

你用不著那麼小心的活著，
喜歡你的不需要你的完美無缺，不喜歡你的更不需要。

人之所以有溫度，

是因為你能感受到他的喜怒哀樂。

負面模樣從來都沒有問題，

問題是，你把它當成了一種錯誤，

人，不會只由一種面向組合而成。

如同我一直很喜歡Lady Gaga說的這句話——

「如果你沒有黑暗面，那你身處的地方鐵定沒有光。」

你的人生會因為某些人的加入而變得美好，
也會因為某些人的離開而變得更好。

我想我們心裡比誰都明白那些能安慰人心的「話語」，
但這些話的存在並不只是擺著好看。
某天當你的內心，因為傷害而出現了縫隙時，
你的本質會選擇什麼樣的力量去填滿那些裂痕？
在填滿之後，即使你已傷痕累累，還是能多出一些陪伴自己繼續往前的力量，
只要能繼續前行，死不了的就還好。

"Some people will better your life by being in it, while others will better it by staying out."

堅強的人，不是不會哭，只是比其他人更會隱藏那些情緒。

一個人在沒人看得見的地方發洩，

哭完之後重新整理表情，明天依然繼續出發。

我與我的孤獨，雖敗猶榮。

那些看似開懷的臉，只是不想被人問：「你怎麼了？」
愛笑的人如果哭起來，應該很心碎吧！

使你疲倦的並不是前方距離有多遠，而是你手上多餘的東西；
讓人走不遠的並不是一路上的崎嶇，而是你鞋裡的那一粒沙。

難過的時候，就不要聽傷心的歌；

緊繃的時候，就運動個滿身大汗；

失望的時候，就去找可以陪自己又哭又笑的朋友；

單身的時候，就趁機充實自己一番。

快樂很寶貴、時間很寶貴、希望很寶貴、愛情很寶貴，

但是不要忘了這世界上還有你自己是最寶貴的，

不要把美好的自己都浪費在那些沒日沒夜的難過上。

這世界所有的黑暗裡，總有一縷光芒，

它能治癒你所有悲傷。

走了那麼多地方才知道家的重要；

遇過了那麼多人才知道朋友的溫暖；

挨了那麼多複雜的問題才知道簡單的難得。

誰都喜歡簡單的人、簡單的事，

但面對那麼多討人厭的事情，

如果可以簡單，誰又想要複雜。

尋 找

1 was

looking

for

myself.

起步出發的那天，
就是變好的開始

The hardest part is the first step,
but you must keep stepping,

I know you can get there.

問答：「如何與悲觀的自己相處？」

悲傷與快樂，都需要一點又一點的匯集，
我想，現在的你，大概是不小心又儲存了太多悲傷吧！

如果可以，希望你能再相信自己，
從生活裡的不同片刻去搜集快樂，
三秒鐘的快樂、一分鐘的快樂，甚至是一天的快樂，
一步步的走，我們會步上軌道的。

每個人搜集快樂的方式不同，對於能感到愉悅的行為和反應也不同，
誰都無法給你標準答案；
有些時候，你終究得一個人走，
而我想和你說的是：「起步出發的那天，就是變好的開始。」

無論過了多久，別忘了當初說好要去的地方，
哪怕再遠，只要你願意邁出那一步，總有一天會抵達的。

有時候，心裡明明知道答案，

卻裝作一副選擇困難症，到處尋求解答，

直到有了血淋淋的回應才肯罷休，

這也算是最後一絲不甘心的勇氣吧。

即使天再黑、人心再黑，眼前有一盞燈就夠你前行，
但那盞燈得是你自己點燃才行。

找不到方向時，就像收聽著雜訊不斷的廣播，
你必須開始微調生活裡的各種頻率，閱讀也好、旅行也好，
改變自身的行動才有可能找到堅定的信念。
當你逐漸找到了某個頻率，接收到的全都是能引發你共鳴的人事物，
你是個什麼樣的人，便會開始吸引什麼樣的生活。

—— 吸引力法則

生活教會了夢想什麼叫殘酷，
但夢想也讓生活懂了什麼叫堅持。

世界很大，每個人都在努力，
不是只有你受盡委屈，所以振作起來吧！

將來的你，
一定會拚了命的感謝，曾經努力的自己。

那個總是笑著說沒事的人，

也是晚上獨自哭到睡著的人。

我曾以為有些事只能自己扛，

所以說不出口的就一直放著，

心想或許久了就真的沒事了。

可我發現，所有被壓抑過後的情緒，

最後全都扭曲成了心裡的結；

適當的找到出口宣洩，那些情緒才有機會被改變。

改變，並不一定會變得更好，

但只有學會面對那些聲音，我們才有機會變得更好。

嘿，如果累了就去旅行吧！總會有些事情讓你分心；
在途中，或許你會發現自己的煩惱，其實很渺小。

將路上所發生的一切都視為線索，
我相信，當舊的篇章被原諒，新的篇章自然會開啟。

如果說「放下」是生命裡的一門功課，
那「接受」便是另外一門重要的學分。
接受喜歡的人不喜歡自己；
接受愛了很久的人，最後選擇離開你；
接受朋友之間的背棄；
接受世界給我們的肯定與否定。

如果說放下就是放過自己，那接受就是變好的開始。

活成自己最愛的樣子

Be your own version
to live,
to smile,
to love.

問答:「探索自己好難!」

如果所有的事情都太容易達成,你很快就會對此感到無聊,
所以生活中有很多事情自然的形成一種平衡系統;
每個人遇到的課題不同,你在探索這件事情覺得困難時,
或許會在探索另一件事情時覺得容易。

就當作是解你人生中的題吧!
給自己一些期許,解開的那天也是你達到目的的那天,
那種成就感不是其他事情能比較的。

答案，並不非得拚命往外找，
有些成長，是從你內心開始發生的。

生命的旅途中，

我們忙著長大，卻弄丟了單純；一味的追求，卻忘了內心的感受。

幸福，應該是由靈魂最深處所滋長的一種力量，

一件只和你有關的事情。

接下來的日子，

每一段記憶和旅程都將是生命中的限量版。

試著走慢一些、感受多一些，

不要急，因為你有的是時間。

Even it's hard,
you have t

你得相信自己做得到，
並一直堅持到你完成的那天。

你的不快樂，是花了太多時間在乎，不在乎你的人和事

Fake it till you make it.

其實我也和你一樣，花了很長的一段時間才搞清楚自己是誰。
對於這個世界來說，我是誰可能不重要，
但對於我自己來說，就完全不是這麼一回事了。
當我認清了自己是誰後，我不再盲目的追求那些不屬於我的東西，
我懂得調侃自己、懂得自己的快樂，也懂得自己的眼淚。
我不再害怕別人的閒言閒語、不再放棄自己想要的東西、
也不再害怕被人揶揄心中那所謂的夢想。

有人說夢想是件遙不可及的事，對我來說，
夢想，是一件你和你自己的事，與他人無關。

親愛的你啊，
希望此刻正在努力的事情是你喜歡的，
臉上的笑容是發自內心的，
昨晚的眼淚是自己懂的。

無論前方還有多遠，
希望你能活成自己最愛的樣子。

人生諸事不如預期卻也超出預期，有得到也有失去，
而我們能做的是把握每一次的機會，去愛、去珍惜，是你的總是會留下。

順其自然對我來說，並不是說說而已，而是你能坦然接受生活即將帶給你的任何好與壞。雖然做起來確實不太容易，尤其對於凡事都要求近乎完美的自己，這一路走來真的很辛苦；面對不如預期的過程，總是容易讓人感到憤怒，甚至常常因為挫折感來回的強烈衝擊，想想不如乾脆放棄算了。

可身邊總有親近的人提醒著自己，既然事情已經發生了，那就順著做下去吧。因為一時憤怒，而選擇放棄，原先的憤怒不僅沒有消失，還有可能進而衍生成更討人厭的悔恨。

於是這幾年我不斷的練習，即使不如預期，還是試著讓一切自然的發生。在這過程中，讓我感受到最大的力量來自於「接納」，你接納了挫敗、接納了事情不總是如你預期的發生、接納了內心抗拒的情緒。

而真正讓人變得強大的，不一定是頑強的抵抗，有時，當你懂得接納生命中的一切，它自然會長出一道柔軟又強大的力量，它讓你理解無論是誰又是什麼事，那最終都是組成我們人生如此獨特的 部分。

小時候，凡事都想著盡善盡美，

常常把自己累得滿身狼狽；

可過了三十歲之後，開始活得自在些了，

懂得接受生活裡偶然發生的遺憾，

原來有益身心健康。

我知道
我是如此不同

This is my life,

a little bit weird,

crazy,

messy

and complicated

My imperfections make me unique.

不要再試著改變自己去迎合討厭你的人，
你最美好的價值不在於你和別人的相同，
而在於你和別人如此不同。

有人會因為你的缺點而不喜歡你，
也會有人因為你的真實自然而喜歡你。

人生不管走到哪個階段，我們都要被人看見自己，
而不是那個為了取悅別人而改變的自己。

永遠提醒自己,不要在陌生人的嘴臉裡尋找自己的價值,
他們的喜好不過是他們的個人選擇。

為了不了解你的人而改變,是件吃力不討好的事,
既然再怎麼改變也無法討所有人歡心,那就別再逞強了,
把時間留給更重要的事。

心軟也算是一種不公平的善良，
你委屈了自己來成全別人，最後還被人當成了傻瓜。

懂得適當拒絕自己不想要的事、不喜歡的狀況，
有些事情確實是可以避免的，
因為你的好要留給懂得珍惜的人。

　你的不快樂，是花了太多時間在乎，不在乎你的人和事　　　　　Peter Su

我們的眼睛，總是看外界太多，看內心太少。
從今天開始，好好的生活，以此回報愛我們的人，
也以此回答傷害了我們的人。

從今天開始。

這世界或許沒那麼好，但我想也沒糟到哪去。

如果你現在正覺得孤獨，也好，世界給了你安靜的時間去思考；
如果你現在正閒得發慌，也好，生活多給了你一段時間去感受；
如果你現在正傷得很痛，也好，這段時間你可以看清許多事情。

也許現階段的旅程是關於你自己，並不在於向外尋找，
學著如何和自己好好相處，尊重自己內在的感受，

重整自己真正喜歡的事，
接下來想要生活得更好，記得是為了自己。

不隨意貶低他人喜歡的東西，

知世故而不世故，就是你善良成熟的表現之一。

不管爬得多高，都不要忘了，這一切不是只為了讓世界看見你，
而是讓你看見世界後，用你的方式去幫助需要幫助的人。

有時候，高調武裝是害怕被人發現自己的脆弱；
總是習慣溫暖別人，也許是為了隱藏更多的悲傷。

親愛的，這都沒有錯，也許你只是忘了摸摸自己的頭，
和自己說一聲：「其實你已經很棒了。」
就別再討好任何人，現在你只需要討好你自己，
來日方長，別忘了做自己的太陽。

愛的物理學

Physics of love.

在物理學的世界裡，任何物體都在振動，
以其頻率向外發出能量，也吸收外界傳遞的能量，萬物都是動態的。

人跟人之間也存在著獨特的共振，我想這就是所謂的磁場吧。
每當遇到頻率相同的人，就會自然而然的相互吸引；
頻率不同的人，翻了山、越了嶺也拉不近距離。

每個來到你生命中的人事物或許都有原因，

有好的、壞的、喜歡的、討厭的、渺小的、巨大的、瞬間的、長久的，

他們可能幫助你又或是毀掉你，

但到了最後，也因為有他們才能成就現在的你。

無論此刻，你遇到的是哪段人事物，又或者是什麼樣的情緒，要記著——

「相信人，相信感情，相信善良的存在；要開朗，要堅韌，要溫暖的活著；

要獨立，要堅強，要勇敢，要活得漂亮；最重要的是讓自己永遠善良。」

「愛」會讓人成長，但讓人討厭的「傷害」也包括其中。

那些過往的傷，提醒著我們，什麼人可以走進自己的生命裡，
而什麼人可以不用再為他浪費生命。

希望最後你也和我一樣，身邊留下了那個懂得自己的人。

愛人無關多好，適合自己就好；

朋友無關多少，懂得彼此就好。

無論後來的你和誰在一起，記得選擇讓你快樂的，
而不是你必須努力取悅的那個人。

你的生命沒有比較長，
把時間浪費在值得的事吧！

「寧缺勿濫」這句話不會過期。
在準備好遇見之前，
你只需要好好的對待自己。

如果最後是自己想要的，
幸福它晚點來也沒關係的。

曾和一位朋友聊天，說了一段話讓我印象深刻——

「活了這麼多年，覺得自己最討厭的就是太懂事了，
懂得人情世故，所以只顧著別人的感受；
懂得別人的為難，所以把心軟當成飯吃：
懂了太多人的事，就是沒有懂得自己內心感受。」

如果你很幸運，能遇上一個讓你變回幼稚鬼的朋友、愛人也好，
記得，請好好珍惜。

總有一天你會遇上那麼一個人，
他讓你的歡笑和淚水都變得有意義，

像是久別重逢的老友，
並肩而坐便可聊起這路上的一切。

他善待你，
如生命中最重要的那個。

致好友

有沒有一個人，無論在哪裡，

心裡總會有一個位置留給他，小心翼翼的放著。

想和心愛的人、家人、朋友，

一起走到世界盡頭，直到銀色滿際。

你的不快樂，是花了太多時間在乎，不在乎你的人和事　　　　　Peter Su

也許我們終究會成為擦肩而過的回憶，
就練習把你最美好的模樣留給他人吧！

一期一會。

我喜歡旅行，

是因為旅途中發生的一切總能提醒自己珍惜當下。

這一路上會遇見許多人，而有些人，你們已經見了這輩子最後一面，

只是你還沒發覺罷了。

因為不知道哪天說了再見，

就真的再也不見，

所以才要好好的和你在一起啊！

或許我們還太年輕，
所以肯花好長的時間去和一個在乎的人冷戰，
總以為還有大把的時間；
但事實並非如此，現在回頭看，
能有那麼多時間浪費，都算是奢侈。

現在的我不再刻意裝得冷漠，
盡可能的去把握生命裡每個美好的瞬間，
不想等到有天，真的老到走不動了，
連重來的機會都沒有。

明明就很喜歡的，請不要假裝不想要；
明明很想珍惜的，就不要裝作無所謂。

不要對在乎的人冷漠，想念的話就直接說，
難以啟齒的尷尬並不會讓你失去任何東西，
學著表達、照顧和回應內心感受，並以此好好生活。

遺憾的是，或許當時只要一句話和一個擁抱就能和好，
如今卻成了再也不見的陌生人。
後來的我們，走著走著就散了。

偶爾會想起以前曾經要好的朋友，在某一天的誤解後漸行漸遠，
那時候的我們沒人願意先搭理誰，就這樣形同陌路。
小時候的吵架或許只需要一節課的時間就和好了，
長大後卻要花好久的時間，才有了願意和好的勇氣。

隨著年紀增長，修復的時間卻變得越來越長，
我說這該死的成長，到底都帶來了什麼。

每個人心中也許都有一個偶爾想念的自己，
但這並不代表你想要回到過去，
也許這份想念，是因為你正在揮手道別。

就像我還是會想念你，只是你也成為了過去。

我原諒了
我自己

I didn't change,

I just found
myself.

最好的安排

Everything happens for a reason,

no matter good or bad it is,

「怎樣才算是真正的長大？」

我總覺得，長大會有好幾次。
時間最漫長的那次，是你外在上的變化；
死命活命撐過不同的人生階段，只能算是基本的心理成長。

可最深刻的那次，也許只是一個瞬間，
你發現這一刻開始，再也沒有人能告訴你答案，
你能做的就是獨自面對這整個世界。

we can make the best of whatever happens.

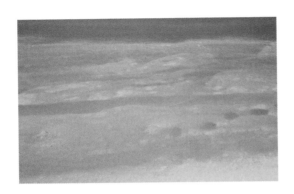

總是過度努力的照亮別人，是為了隱藏所有悲傷吧？
誰不受傷，也許每個人都在用屬於自己的方式向外界發出求救訊號，

只是我觀察了所有人，卻忘了看見我自己。

決定要做的事，就別再問任何人的意見；
決心要走的路，就別再問前方還有多遠。

嘿，親愛的，好好的去享受吧！

認真的吃一頓飯、努力的運動、打扮好自己、去一趟充滿驚喜的旅行，

做一個溫暖的人、愛笑的人、容易被感動的人。

你要好好照顧自己，要相信世界上一定會有一個你的愛人，

他會穿越洶湧人潮來找你。

至今我依舊告訴自己，所有事情的發生，

在每個空間和時間點上，勢必都有它存在的道理。

無論當下結果如何，最終回首，我們會理解——

一切都是最好的安排。

成長，來自於那些錯誤的總和。

在一個人的時光裡，盡可能的為自己所愛活著吧！
我始終相信，時間會隨著那些你喜愛的事，
帶你去到正確的位置。

人最勇敢的，或許不一定是堅持到底；
有時，是懂得如何放下。

也許我們都會為了現實妥協，
活成一個真實卻又不夠完整的自己。
很多時候，我們為了現實生活、所愛的人，
活成了一種既是你又不是你的狀態。

這一切都沒有對錯，因為都是自己的選擇，
是為了自己想要的生活、為了自己所愛而堅持著，
所以你甘願，雖然痛，卻快樂著。

無論現在或過去的你，是否常感到幾乎要死在某個人設裡，
不如就好好的擁抱那個人設吧！它終究是你選擇的一部分。
不要忘了，你最大的敵人就是自己，
同時，你也能成為自己最強的隊友。

曾有人問：「如何讓遺憾過去？」

我是這麼想的，發生過的遺憾，可能永遠都不會消失，
它只是被接下來更多的遺憾層層疊加，
長成一個專屬於大人的模樣；
生命中發生過的事，永遠都不會消失，
我們只能學著與它共存，進而成長。

也許有天，遺憾也能成為我們回憶人生的重要片刻，
因為有了「遺憾」，才有了現在「懂得」的選擇。

無論受過的傷是讓你用什麼方式去愛或是恨這個世界，
當你學會了與它共生共存，
那復原過後的傷口，終究會成為你未來的堅強。

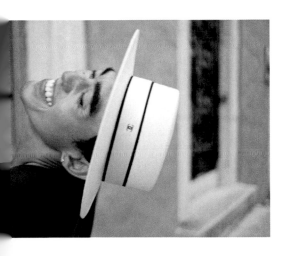

親愛的好友，

希望你一切都好，可這並不代表人生再也沒有煩惱，

而是真心的祝福你，接下來的日子裡，

你能擁有想笑就笑的感動、想走就走的自由、想哭就哭的坦然，

還有再次重新開始的勇氣。

be unique, be different.

e different.

越是擁有差異，越能突顯這世界上所有獨一無二的個體，

不一樣並不是一件錯的事，
那正是你發光的特質。

你說你討厭我，

那並不是我的問題，是你的問題。

朋友，善良是你的優點，

但是不要讓它成為別人欺負你的弱點，

做一個善良的人，

但是永遠都不要為了去證明它而浪費了時間。

有一天當你學會寬恕時，你會發現有兩個囚犯被釋放，
一個是對方，一個是你自己。

如果可以告訴過去的自己一件事，你想說些什麼？
我想說：「內心的感受永遠比外面那些話語重要。」

某位網友的留言：「我只是覺得很失望，也找不到自己存在的意義。」
當下覺得些許沈重，但思考了一下，決定寫下自己對於這個問題的想法。

我總是告訴自己，每個人的「存在」本身就是一個意義，
或許並不需要刻意找到一個名目，並賦予它答案才能成立，
從我們來到這世界開始探索各種未知、面對各種討人厭的挑戰，
還有享受著生活裡不定時出現的溫暖情節，
經由每一段片刻組合而成的人生，
何嘗不也是成就我們存在的一種方式。

如果說硬要賦予一個意義給你，答案也許都過於籠統，
因為每個人對於生活都有一份自己的想像和信念，它並沒有標準答案。
對我來說，這大概是還存有一些對人事物的期待和希望吧。

我很喜歡的日本歌手——中島美嘉,有一首歌〈曾經我也想過一了百了〉,
在我過去些許低潮時,曾經給了我無限的感動,
裡面有一段歌詞是這樣寫的——

「曾經我也想過一了百了
一定是對於活著這件事太過認真了

曾經我也想過一了百了
是因為還沒遇見你
像你這樣的人存在這世界上
讓我稍微的對這世界有了期待」

也許為了遇見生命中最明亮的希望,我們必須先走過最深處的黑暗。
所以,請你一定要好好的活著。

故事很長
所以長話短說：我好想你

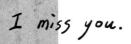

I miss you.

最初的，是面紅耳赤的問好，
最難的，是不肯說出口的道別，
最美的，是簡單一句：「好久不見。」

人在將愛時最心動，將分時最折磨，
願再見時終於釋然。

至今還是覺得頻率這件事很微妙。
有些人你見了好幾次，
但你們都知道彼此很難成為心中想像的那種朋友；

有些人你只見過一次，
開口說話的那一刻，你們彼此都知道，
這就是你那無話不說的好友。

喜歡，就是喊他的全名會覺得特別不一樣；
愛，是喊他的全名就有種獨一無二的安全感。

喜歡是想擁有；愛是懂得呵護。

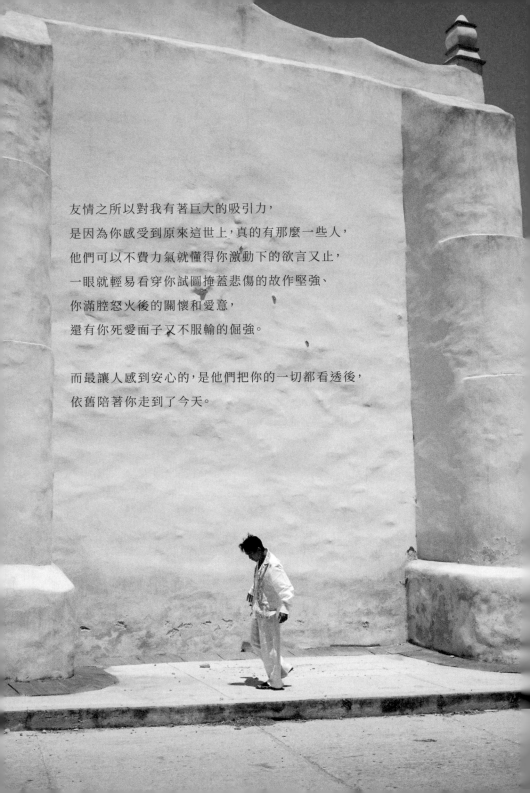

友情之所以對我有著巨大的吸引力，
是因為你感受到原來這世上，真的有那麼一些人，
他們可以不費力氣就懂得你激動下的欲言又止，
一眼就輕易看穿你試圖掩蓋悲傷的故作堅強、
你滿腔怒火後的關懷和愛意，
還有你死愛面子又不服輸的倔強。

而最讓人感到安心的，是他們把你的一切都看透後，
依舊陪著你走到了今天。

朋友間說的愛你，

那溫暖的感覺並不亞於愛情。

有一種思念是，還沒見到你時，

心裡總想著有好多話要和你說。

但真的見面時，即使沒有說到很多話，

只是這樣靜靜的靠著彼此，

那種好久不見的陪伴似乎勝過千言萬語。

年少時，友誼的順序容易被劃分為先來後到，
可長大後才發現，生活圈經過了幾輪洗牌，
也許所謂的朋友，無論先來後到，

來了沒走的，每一個都很重要。

一輩子真的很短，好像一眨眼就沒了，

所以我想和你一起去看看這世界，趁還能瘋狂時，多留下些回憶。

一路上，我們說著笑不膩的話題，重複著無聊卻不厭煩的廢話，

無論今後各自會去向哪，這些片刻畫面會陪著我們繼續成長，

而被腦海深刻記住的那些平凡光景，將陪著你我乘風破浪。

一直到最後，可以不留遺憾的說──

「我們一起來過，與青春有關的日子。」

你的不快樂，是花了太多時間在乎，不在乎你的人和事　　　Peter Su

如果身邊沒有人，希望你就是自己最好的依靠。
願孤單的人，不必永遠逞強。

謝謝你懂我

You've always believed in me.

Thank you.

關於陪伴，在不同的階段有不同的詮釋。

年少時，總覺得只要有人肯花時間陪我，便是陪伴；

進入社會後，時間被切割成碎片，散落在不同的人事物之間，

在那樣極度忙亂的歲月裡，「理解」似乎成了陪伴的一種方式，

就好像常常說的那句：「你懂我。」

或許等到有天我們都老了，還願意花時間陪伴彼此，

一起細細品嘗餘生風景，一切就像是回到了原點，

「時間」，便是最珍貴的陪伴。

謝謝你的陪伴，無論以哪種形式。

成長也許是這樣，我開始漸漸的理解，
身邊有個懂得自己辛苦的人，遠遠勝過一群懂得你笑容的人。

謝謝你體諒我的糟糕和任性，
在得意的時候給我一點打擊，
在失落的時候給我溫柔提醒，
至今還依舊默默的陪在身邊，
伴我走過生命裡的每次風雨。

— 致我的好友。

　　你的不快樂，是花了太多時間在乎，不在乎你的人和事　　　　　Peter Su

有時候，記得自己人生難過的時刻比記得快樂大笑的日子還來得清楚，
難過的情緒確實比較深刻，哭過的事情總是不容易忘記。

所以偶爾會想，或許因為孤單是生命中的常態，
所以那些幸福的陪伴才會顯得格外珍貴吧。

我始終相信，還能勇敢長大，是因為生命中有著深愛的人；

在數不清的疲憊與挫折日子裡，

會因為想起了那些臉龐而想要再努力一些；

能有個讓自己如此深愛著的人，那種感覺大概就是希望吧！

而那份希望，如一股巨大無比的力量，

讓人可以面對生活給你的各種難題。

　你的不快樂，是花了太多時間在乎，不在乎你的人和事

去做讓你開心的事吧，
和那個讓你重拾笑容的人在一起吧！

願接下來的你，笑聲像呼吸一樣自然，
懂得愛人的力量和生命一般長久。

朋友間，當個安靜的傾聽者，也是一種溫暖的陪伴。
有時候，朋友一股腦的傾訴，並不是不知道答案，
他只是想要知道，在自己的世界裡還有人願意聽聽他說話。

學著做個傾聽者，也是一種相處之道。

我想成為你的太陽，

開心的時候給你溫暖，不開心的時候曬死你。

嘿，親愛的，

不要忘了在你最低落時，第一個飛奔來找你的人；

也不要辜負了在你難過時，第一個想起的人。

懂得自己的人不用多，

只要最後是那個自己也在乎的就好了。

我想再去一趟旅行，想和你一起看看那沿途的風景。
在烈陽下一起東奔西走、在夕陽下一起細數人生日常，
無論終點將去向哪裡，想在它來臨之前和你說聲——
「有你在就好！」

記得一件事，不要虧待每一份真誠的心，

真心對你好的人，沒有你想像的那麼多，所以一個都別弄丟了。

未來的某天，你會遇上那麼一個人，
他讓你豁然開朗自己過去所有的相遇和分離，都是為了這一刻，

請你一定要相信著。

你的不快樂，是花了太多時間在乎，不在乎你的人和事

你的不快樂，是花了太多時間在乎，不在乎你的人和事　　　Peter Su

希望接下來的日子，孤身一人的夜晚，

你能睡飽一點，停下來的時候不慌不忙，

累的時候懂得照顧自己，害怕的時候也不畏風雨，

最重要的，

不要忘了身邊那些愛你的人。

你的不快樂，是花了太多時間在乎，
不在乎你的人和事

作者｜Peter Su (Instagram:peter825)
書籍攝影｜莫 MO (Instagram:mohftd)
手寫字特別感謝｜賴懶 (Instagram:lazylai)
封面設計｜Peter Su
內頁設計｜Peter Su
責任編輯｜劉又瑜
行銷企劃｜很好聯想有限公司

發行人｜蘇世豪
總編輯｜杜佳玲
法律顧問｜李柏洋

地址｜台北市大安區和平東路三段 66 號 2 樓
出版發行｜是日創意文化有限公司
總經銷｜大和書報圖書股份有限公司

初版九刷｜2024 年 04 月 12 日
定價｜420 元

國家圖書館出版品預行編目 (CIP) 資料

你的不快樂，是花了太多時間在乎，不在乎你的人和事 / Peter Su 作 .
-- 初版 -- 臺北市：是日創意文化有限公司 , 2022.12
面；公分 . -- (Peter Su 作品集)
ISBN 978-626-95561-4-4(平裝)

1.CST: 自我實現集　2.CST: 生活指導

172.2　　　　　　　　　　　　　　　　　111018802